98
LOS VERSOS DE CORDELIA

La Duermevela es una Lejanía

Primera edición en LOS VERSOS DE CORDELIA, abril de 2025

Edita: Reino de Cordelia
www.reinodecordelia.es
🅇 🅞 @reinodecordelia 🅕 facebook.com/reinodecordelia
▶ www.youtube.com/c/ReinodeCordelia01

Derechos exclusivos de esta edición en lengua española
© Reino de Cordelia, S.L.
C/Agustín de Betancourt, 25 - 6º pta. 13
28003 Madrid

◀◀ El papel utilizado para la impresión de este libro, fabricado a partir de madera procedente de bosques
◀◀ y plantaciones sostenibles, es cien por cien libre de cloro y está calificado como papel reciclable

© Fernando del Val, 2025

Cubierta: Detalle de *Rolla* (1878), de Henri Gervex
Ilustraciones interiores, bocetos y pinturas de Henri Gervex

IBIC: DCF | Thema: DCF
ISBN: 978-84-128818-8-2
Depósito legal: M-9095-2025

Diseño y maquetación: Jesús Egido
Corrección de pruebas: María Robledano

Imprime: Técnica Digital Press
Impreso en la Unión Europea
Printed in E. U.
Encuadernación: Felipe Méndez

La Duermevela es una Lejanía

Fernando del Val

Índice

CADENCIAS DEL AMANECER   19

Los pájaros buscan la palabra precisa   21

Por ti las gotas   22

Ningún espacio es habitable   23

Verte desnuda redime   24

El llanto del animal perdido   25

En tus labios tienes la habilidad de la primavera   26

Un día el miedo   28

La sexualidad es un hecho sagrado   29

El frío no se toca, se respira   30

De madera es la noche   31

Toda ley es convención   32

Tu sujetador   33

Donde mejor vive el olvido   34

Tus mejillas consteladas   35

El hombre necesita del resto de existencia   36

La arena no frena mis zancadas inconscientes   37

Como un gallo repartiendo los primeros cantos 38
Tu sujetador se ha vuelto del color del viento 39
El sabor rojo de la sangre 40
Y acercarme al calor del iceberg 41
Hablando de nieblas 42
Tronco comunicante 43
El atardecer te recuerda 44
La lluvia viajó por tus paredes de iglesia 45
Se han posado nuestras llagas 46
Qué resuelta / la fatiga / de tus jadeos 47
Entrar en ti 48
La línea recta todo lo pretende 49
Entendí que te había visto desnuda 50
La soledad del hombre 51
Hinchado como una vela 52
De la madera menos noble 53
No hay arena en el desierto 55

CON TU MANERA DE MIRAR AL VIENTO 57
Como una tortura antigua 59
El amor es lucernario 60
¿Qué es de los peces bajo el humor del agua helada? 61
Todo camino es arcilloso 62
El sol imanta la tierra 64
El arco de los puentes 65
En los ojos a horcajadas de los puentes 66
Aquel beso estremeció la ciudad 67

Al mar / le gusta ser pasto del laberinto   68

Aspavientos de luz   69

En el manto de las preocupaciones   71

En mitad del amor   72

La Tierra no repele los rayos del sol   73

Salimos de la habitación   74

Hay porosidades natas en el cielo   76

El amor es un elemento químico   77

La presencia omnímoda del sol   78

El plañido que precede a la tormenta   79

Abrí un cortafuego   80

La indefinición tiene bordes   81

DE LOS SIGLOS   83

Uno   85

Y dos   86

Nota de autor   87

Procedencias y perseverancias   95

olvidaré mi nombre,
pero no tu piel

No deseamos, queremos o anhelamos algo porque sea bueno; lo llamamos bueno porque lo deseamos, queremos o anhelamos.

Spinoza

Las cosas justamente amadas y deseadas son aquellas estimadas por buenas.

León Hebreo

Leibniz entiende por razón el encadenamiento de aquellas verdades que el espíritu humano puede alcanzar naturalmente sin la ayuda de la luz de la fe (…) Las verdades de razón son de dos tipos: eternas y positivas. Las eternas son absolutamente necesarias y su necesidad es lógica, metafísica o geométrica. Las positivas son las leyes que Dios ha dado a la naturaleza y las conocemos a través de la experiencia y de la razón, a través de consideraciones de conveniencia (…). La necesidad física se fundamenta en la necesidad moral, o sea, en la elección del sabio. Desde aquí se entiende la existencia de los milagros, que los humanos no entendemos porque sobrepasan nuestra racionalidad, aunque no se oponen a ella. Los milagros, como los misterios, contienen verdades que no están contenidas en el encadenamiento de verdades que conocemos a través de la luz natural.

Tomás Guillén

A lo que atrae decimos bueno; a lo que repele, malo, y a lo que nos suspende, hermoso.

(…) ¿Qué es la belleza sino una argucia para mantenernos con vida (…)? (…) Belleza y fealdad (…) un mismo surco.

CHANTAL MAILLARD

Hay tantas cosas que nos perjudican y, sin embargo, seguimos haciéndolas.

ROMA, CIUDAD ABIERTA

La Duermevela
es una Lejanía

Cadencias del amanecer

En aquel momento tuve estas huellas por una
señal favorable, pero ahora, al mirar atrás, me
temo que fue el comienzo de una grieta que
desde entonces ha surcado mi vida.

W. G. SEBALD

LOS PÁJAROS buscan la palabra precisa   y solo hallan
lunas tibias, respiraciones de muerto
y óbitos en los que poner en descanso
                las frases hechas.

Todo acaba —siendo— incierto
en los impulsos de la noche.
El sabor de la sangre.
Tus latidos. Mis nostalgias.

Eché a voleo un hatajo de flores
y me fue devuelto   iluminado   por
hogueras invisibles.

Por ti las gotas
de la lluvia resbalan;

contra mí, chocan.

Nᴉɴɢúɴ ᴇsᴘᴀᴄɪᴏ es tan habitable
[dulce, blando,
inocente]
como la tristeza.
Cuando quiero ser feliz   recurro a su amparo.

Entonces me siento rama de la que cuelgan
tus pensamientos, de la que cuelgan, también,
los inocentes. Para partirme con su peso y
caer despeñado, totalmente vacío.

Corriste una cortina de olvido para acallar a los pájaros,
pero cantan hasta con niebla. Qué tenebrosa, su alegría.

Verte desnuda redime
de cualquier amanecer
ojeroso.
No hay otro destino
que mirarte caminar.

Tu cuerpo es
la escena
de un crimen
que yo cometí.

El LLANTO del animal perdido
se desprende en racimos
arrancados por el viento.

La noche es de madera rojiza
como mi llanto, que no dudo llegue a prenderse
cualquier insomnio. Las bocas gimen
en todas direcciones, en todos los colores.
Siempre es madrugada. Las miradas, torvas;
los deseos, hueros.

En tus labios tienes la habilidad de la primavera.
Quién podría negar que tu tronco es una forma sagrada,
quién, imantar tus extremidades
empañadas de cielo.

No sé calcular tus distancias -por-que todo lo contienen. Quiero aprender
del olvido para mejorar en ti y en mí, y saciar esta sed que me acompaña
desde hace siglos.

La moderación aconseja beber a pocos, pero en tu boca solo caben muchos.

Sé que hay parejas
muriendo de amor junto a los tilos. Tu recuerdo será
una bruma que todavía no alcanzo,
tu recuerdo como una enfermedad incurable
cuyas secuelas   apenas paliaré

con agua traída del río Leteo o de aquel otro, sagrado, que las Escrituras sitúan cerca del paraíso.

Seré sed. Serás agua.

Un día el miedo,
tan luminoso como el dolor,
se meterá en los cajones
traicionando nuestra seguridad.

No se puede caminar   más que desprevenido.

LA SEXUALIDAD es un hecho sagrado
propio de vírgenes y apóstoles,
el relato obediente de un pastorcillo,
la carta callada   de los evangelistas.

Te rezaré
hasta que mi memoria
se reponga del recuerdo
y reencuentre la paz que habita eterna
en tu vientre soñoliento,
y me desprenda del olvido
y elimine para siempre
el bien irreparable
que me hizo tu belleza.

I

EL FRÍO no se toca, se respira.
Cauteriza las heridas visibles y
las grietas del alma.

II

EN SU RUMOR impaciente
los espinos contienen
información
del viento.

La felicidad   solo es posible   con destreza y revelación.

De madera es la noche. A veces, rojiza[1].

Miro de un trazo la luna y pincelo la bisectriz de tus cobijos.

El diámetro dilatado de tus areolas.

---

[1] Resina indolora. Nube despierta.

TODA LEY es convención. La naturaleza no está formada por leyes, sino por atmósferas. Nadie sanciona las primeras proposiciones fundamentales.

Los animales que atajan mueren desangrados por el camino, llenos de heridas inconclusas, cepos y ambición.

Tu sujetador
es del color de las nubes.
Quiero el fruto esférico
de sus palabras.
Rozarme con ellas,
probar su zumo.

Acostarme a tu lado
y despertar aprendido.

Qué bello Egipto eres.

Donde mejor vive el olvido
es en torno a la memoria.
La inaudible mirada
del paso del tiempo
    lo demuestra.

Tus MEJILLAS consteladas son lo opuesto al paisaje arrasado como el alma de un delincuente que comparten los cráteres lunares y el espíritu del amante después de la traición.

Tu delincuencia es una erosión que bruñe el alma como una lámpara mágica que no me canso de frotar.

Eʟ ʜᴏᴍʙʀᴇ necesita del resto de existencia para reponerse a haber nacido. Sabemos que nos legaron una versión censurada del origen. Su indolente arranque nos vació, dejándonos sin cielo como un ángel desposeído.

LA ARENA no frena mis zancadas inconscientes. Tú, que has visto zarpar la vida como un barco a las profundidades, impide que atraque nuestro amor, sin importar adónde va. El camino del arte no es de progreso. Tú que con las manos abres mi piel y conduces por la Castellana², úsalas, por favor, esta noche, para llevarme lejos de mí³. Haz que la luz atraviese las vidrieras. Y la mañana nos encuentre despiertos⁴.

---

² Y te veo corriendo como la vida a mi encuentro por los túneles de Madrid, igual que en una película de Godard. Saltando al vacío. A mi pecho. Tuyo.

³ «Goza labios y lengua, machácate de gusto / con quien se deje y no permitas que el otoño / te pille con la piel reseca y sin un hombre / (por lo menos) comiéndote las hechuras del alma». Pues eso. Enséñame las de la tuya como haces con las de Madrid mientras conduces. Batán arriba, Pinar del Rey abajo, Prado del Rey, en el centro. Más Plaza de Castilla. Malasaña. «Niña, arranca las rosas», dijo L.A. Su idea tiene que ver con la de Brines, visible en aquel epitafio romano de *Aún no*, «No fui nada, y ahora nada soy. / Pero tú, que aún existes, bebe, goza / de la vida… y luego ven». Que el futuro quizá te espera sin mí.

⁴ Que el destino trágico no impida el manjar de la vida. Su música acuática. El sudor de cada fresa salvaje. Leímos un poema de Ullán, en la cama. Tú me diste noticia de su deceso, ¿o lo oímos, juntos, en la radio?, qué poco hacía que le había entrevistado.

COMO UN GALLO repartiendo los primeros cantos del amanecer, así, el vacío se adentra en el origen de las cosas conocidas.

¿Hay algún esponsal entre límites y formas?,
¿caben mediadores infinitos?

I

Tu sujetador se ha vuelto del color del viento por la noche. Del color de un mal presagio. Una nube de tormenta que el primer rayo de sol deshará. Paciente, espero.

II

En tu desapego encuentro
el rayo que no suena
ni brilla, pero hace daño.
Y la luz se me escapa entre los dedos
como un agua arenosa.

III

Una mañana el sol necesitará de ventilación y tu pelo se desamontonará en remolinos.

El llanto sin consuelo de evaporación rechaza la libertad que le es ofrecida.

EL SABOR rojo de la sangre
alimenta al adulto
mejor que al nacido
    la leche
    materna
    .

Y ACERCARME AL CALOR del iceberg. Y oírte respirar en los témpanos de luz que levantas ligera sobre mi torpe pensamiento.

Anidar en el traspatio de tu mirada, que reserva los secretos que mi boca no sabe todavía pronunciar.

Hᴀʙʟᴀɴᴅᴏ ᴅᴇ ɴɪᴇʙʟᴀs: no hay experiencia más rota y densa que el rostro libre que deja la soledad. No se ha inventado fármaco capaz de aplacarla.

T<small>RONCO</small> comunicante,
extremidad celeste,
rostro de Rubens gracioso,
cabizbajo secretario
de la virgen de las rocas[5]:

te pienso. Ensayo mil venus
y siempre me sales bien.

---

[5] La virgen de las rocas debiera ser la de las cuevas, de Zurbarán, dispuesta al vuelo con su manto sostenido por ángeles, mejorando cualquier par de alas. Dentro de la virgen caben doce.

EL ATARDECER te recuerda
a su manera que no hay
sombra más enhiesta
que la de la muerte,
llena de acetato,
olvido
y memoria cercenada.

El pasado estremece
como una voz de auxilio
que nadie escucha.

LA LLUVIA VIAJÓ por tus paredes de iglesia después de precipitarse alero abajo. Chocó contra la puerta, como llamando. Te rodeó con sus gotas, yo permanecí seco. No le importé lo más mínimo a la lluvia: me despreció, desposeyéndome de la humedad. Me hice creyente y fui a poner todas las velas.

SE HAN posado nuestras
llagas en el asco y
no han logrado distinguir
su olor del de las rosas.

Qué resuelta
la fatiga
de tus jadeos.

Hay que entrar en ti
sin profanarte.
Sabiendo
que al fondo
de tus pasillos
resultas
una y mil veces
cámara del tesoro.

Al lado de un cuerpo desnudo es donde mejor experimentamos el ser
microscópico que somos. El lugar que ocupamos dentro del universo.

Entrar en ti
es
escribir
una carta
a los Corintios[6].
Un estar en el mundo gozoso
sabiendo que un día
habrás de abandonarlo.

---

[6] «El amor no pasa (...) el conocimiento se acabará».

LA LÍNEA RECTA todo lo pretende.
Su zurrón cargado de amianto
protege lo que nadie escucha
de la intemperie de las certezas.

ENTENDÍ que te había visto desnuda
cuando regresé de la luz y ciego
continuaba agarrado al resplandor.
Querido ángel, arrástrame por
tus constelaciones, y que el rumbo
de tus labios marque el de los míos.

¿Hay algo, acaso, en el mundo
si no el uso fósil del tacto
y el vuelo del pájaro
antes de bajar a beber?

[la caída del pájaro
qué símbolo de la nuestra].

LA SOLEDAD del hombre lo enfrenta al significado de su creación[7]. La soledad enfrenta al hombre a su significado. Soledad: creación y significado.

[7] La soledad enfrenta al hombre al significado de su creación [Alt.]

I

Hɪɴᴄʜᴀᴅᴏ como una vela
tu sexo
desafiante fértil
como un libro
fatigado.

II

Lᴏs ʙᴇsᴏs no se dan. Se pronuncian.

III

Tᴜ ᴄᴜᴇʀᴘᴏ   es una escritura
                que venero.
Siempre   infracción.

I

DE LA MADERA menos noble
sacaremos melodías
en las que contemplar
la vida troceada
al atardecer.
                    Del tronco más podrido.

II

QUE FLÁCIDO crezca dentro de ti
como una esponja.

III

ENFERMAR como acto de purificación,
tocar cielo en el malestar;
reflejarme en el buey
desollado de Rembrandt.

IV

DEL SUDOR, la gota enferma.

V

AUN sin maleta, viajar.

No hay arena en el desierto
de tus labios,
en tu proeza natural, tan involuntaria;
tus piernas, abismos
convertidos
en escaleras
de caracol.
Paseo descalzo, ávido de riesgo,
olvido respirar.
Más tarde pienso
lo que Ophüls
habría hecho contigo.

Con tu manera
de mirar al viento

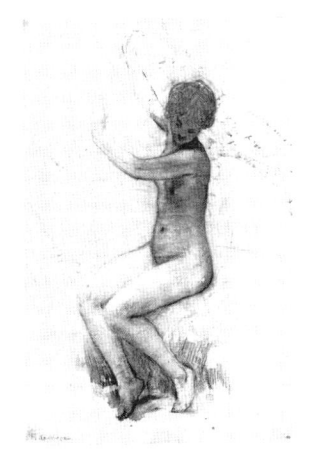

estaba y no estaba despierto como cuando
parece que entendemos el sentido del mundo
que en el instante en que lo entendemos se
esfuma (…) desvaneciéndose como el sentido
del mundo que siempre le fue ajeno.

ANTÓNIO LOBO ANTUNES

COMO UNA TORTURA antigua, el agua friísima del invierno.
El caño desflora los manantiales con aparente indiferencia, formando un
continuo como las obras maestras en la historia del arte. Es agua desprendida
del centro de la Tierra. Allí los rayos acumulados del sol juegan a las
canicas con los libros de ciencia, y va a parar el olvido.

Triste como la sirenita añorando el mar
la fuente desflora la vida.

La naturaleza es contradictoria. Por eso te quiero.

El AMOR es lucernario:
mira al sol
lo mismo que a la lluvia.

Ambos destinos son
gotas extraviadas
del cielo
que la Tierra amortigua
en tu remate de cristal.

El amor es lucernario
como tu ausencia maltratadora.

Nuestra memoria no guarda más
que precipitaciones. Apenas llega
a sombra precoz del porvenir.

¿Qᴜᴇ́ ᴇs ᴅᴇ ʟᴏs ᴘᴇᴄᴇs bajo el humor del agua helada? La vida es excurso. Palidece su color para aguantar la impotencia de saber el sol y o no tenerlo o no poderlo dominar.

El estado gaseoso ocupa siempre más que el líquido, salvo en la luz: la luz es una suerte mental profundamente líquida.
El último lugar del gas es el cielo y el del líquido, cualquier destello de tus ojos.

Todo camino es arcilloso.
A cada paso, encallan mis pies en ti
        como ante un altar.

El cielo impone los ritmos de la naturaleza.
Su luz y tu piel desnuda me
aconsejan caminar despacio.

Mugiente, la tarde disimula
y acompaña mis acentos,
que no son más que   duda insoluble de azar
y método
                extraviado.

Conocerte es conocer
las profundidades del mar,

sus peligros,
y el sosiego del atardecer
muriente sobre mi cuerpo. Que
es tuyo.

EL SOL imanta la Tierra.
La sateliza
porque gusta de mirarse en el agua.
      Todo mar tiene alma de océano
      y la Tierra es un inmenso cementerio.
      Cada cual trata de fingirse lo que es.

El sol es un barco que no toca puerto.
En sus manos posee, infinita,
la tabla periódica.

Ante el espejo se ve el pelo
lleno de números atómicos,
primero, los de su radiación.

EL ARCO DE LOE PUENTES mira por sus ojos de sillar y medio punto. Los ojos de los puentes, todos, son piernas envidiosas de las tuyas porque en ellas están el arco conopial y el ojival, con tu sexo rematando superior y perfecto.

Para calmar el alma, los ojos de los puentes aprenden de tus piernas, bajo ellas caben doce manadas de elefantes y la vida fluctúa crecida y seca.
La flor de los tiempos bebe   en la planta indiscreta de tu sombra eclesial.

En los ojos a horcajadas de los puentes
el porvenir se demuestra imperfecto.
Habita bajo su cobijo la sospecha
de que
nunca sopla el tiempo a favor
y
solo se puede vivir como se escribe:
en legítima defensa.

La carúncula, toda maleza;
nuestra vana ostentación.

Aquel beso estremeció la ciudad, empañándola de un temblor azul. Te hice el amor con una caricia y todo fue ya irreversible.

Que lo bello es poético se deduce del natural, tantas veces contradicho, equilibrio de las cosas.
La verdad surge de los espejismos.
La vida es un paisaje al natural emborronado por las circunstancias. Igual que la felicidad.

Aʟ ᴍᴀʀ

le gusta ser pasto del laberinto.

Del sol que abrasa la sal y los peces.

Entonces, despega un humo color menta de la superficie que, filtrado de tarde,

llega a los puertos

y nadie sale

a recibir.

I

ASPAVIENTOS DE LUZ. Farolas empujadas como adelfas por el viento. Todas quieren ser árbol en la hoguera de tus brazos.
Lámparas beatíficas. Espigón.
Excedente de ropa en el desierto.
Envidia del aire que besa tu boca.

II

EL AGUA caía por la pared de las iglesias, chocaba contra la fachada de tu cuerpo, como llamando a lo sagrado.

III

LUCES NUEVAS movidas como ropa tendida.

IV

LOS DEL AMOR y el deseo, los del cielo y la esperanza, los de los estómagos del mar. Los límites son impronunciables. También ciegos. Sin embargo, divisibles.

En el manto de las preocupaciones
calentarás las manos, nunca los pies.
El miedo es hospitalario como el protagonista de una utopía en la que
[solo dejas de encontrar lo que persigues.

El musgo te retrotrae a los principios de la vida.
Los argumentos naturales quedarán, ahí, escuchados por los insectos,
[sorprendentes como un prepucio sagrado.

En MITAD DEL AMOR, nos tumbamos sobre todas las flores de Linneo. Arranqué una y la introduje en tu pelo, como clasificándola. Apoyaste la cabeza sobre mi hombro y dormimos de un tirón hasta el alba.

El amanecer no quiso despertarnos, esmeriló el cristal con púrpura negra.

Y perdí el tren.

Varias veces.

LA TIERRA no repele los rayos del sol,
los acumula en su centro,
después de haber atravesado
ese cementerio frágil
que tiene en la superficie
y que llamamos países y ciudades.

El centro de la Tierra
es un músculo dormido.
En él paran los rayos,
nunca los truenos,
y las declaraciones de amor.

Allí donde van las soledades
respiro hondo y te pretendo.

I

SALIMOS de la habitación
dejando trazas de amor
esparcidas por el suelo.

II

TU BOCA de alfil, tus ojos acrílicos.
Mis acentos
en tu vientre
olvidados.

III

UNA CAMARERA prepara, intramuros, café.
Lo tomaremos
ignorando
el nombre de las cosas que nos ignoran.

IV

PLANO interior.
Poco a poco regresamos a la vida.
Los besos devuelven cada cosa a su lugar.

Hay POSIBILIDADES natas en el cielo. Las hizo alguien con un punzón.
Los animales las miran. Ofrecen, a través, su rezo agnóstico al infinito.
Todo está presente en los agujeros igual que el mar en las lágrimas.
Piensa en lo que no se ve, pero está. En los barcos hundidos. En el amor.
Que romperemos antes para no romper después.
La luz penetra la Tierra y despacio forma su propio hipogeo.

El AMOR es un elemento químico
que afecta a la conciencia.
El amor está hecho
a contramedida del hombre
para explicar mejor su finitud.

LA PRESENCIA omnímoda del sol se refuerza por la noche, cuando existe sin estar, sin aparentarlo ni llamar la atención; sin ser; cuando nadie diría, salvo por la costumbre, que unas horas después será capaz de abrir un abismo en el mar y las gaviotas no se atreverán a pescar en la superficie.

Las estrellas nos dejan imaginar el sol, mientras este no permite imaginar las estrellas.

EL PLAÑIDO que precede a la tormenta.
Los aullidos de la luz.
El ángel de este, los frescos de aquel, su capilla a punto de echar a volar;
los minutos de silencio que contiene toda contemplación.

Los desengaños sin guantes estropeando una escena del crimen.
Tardamos miles de años en llegar aquí.

La carcoma unge los adentros y rompe, centrífuga, como lanzada contra
el sueño, la porcelana medio tersa del alma.
Aquel día, a aquella hora, coincidimos en la misma grieta.

ABRÍ UN CORTAFUEGO. Y las llamas aprendieron a caminar. Eran peces fuera del agua, radiantes. Abril no es mes para prodigios, pero los humores de la naturaleza son contramatemáticos. Tu muerte fue la mía. Aquella tristeza repentinamente perfecta.

1. La indefinición tiene bordes: nuestro limitado entendimiento. Su manchón se adapta a los siglos.
2. Somos rehenes de nuestros puntos de vista. Asbesto.
3. La indefinición escapa a los límites.
4. La luz es un ángulo recto al infinito.
5. El amor es un guardián de la noche. Participa de ella.
6. Cualquier experiencia, más que una conquista, es la constatación de nuestro fracaso.
7. El ser humano ni define ni es indefinido. Conoce la luz por fascículos de una colección que jamás terminará.
8. El ser humano no se emancipa hasta que muere.

[Conclusiones provisionales]

De los siglos

Uno

EL PÁJARO se posa en la piedra igual
que el misterio en tus labios terribles,
        sus patas son el reflejo
        de una hendidura
silenciosa en tu boca,
y allí quedarán los dos para siempre,
mudos,
a lomos de una piedad tan blanca,
        ajena al mundo visible
        y al viento que despeina el altozano.

Me pregunto si la vida, en verdad, existe en lo que no muere.

Dos

Y CUANDO los años se echen encima
como un panteón de nieve
y el frío sea el único argumento,
saldré de mí, formando parte
del paisaje irreconocible
que tanto me ha costado ser.
Tu fulgor, tu respiración marina, entonces
levitarán sobre el horizonte todavía,
conmigo desaparecido en la caducidad
del árbol   que jamás   llegué a ser.
Me limitaré
a dar las gracias
y a terminar de recordar.

Nota de autor

I

Las primeras citas de este libro [Spinoza, León Hebreo, Tomás Guillén sobre Leibniz, Chantal Maillard y *Roma, ciudad abierta*] acogen una ambigüedad hasta cierto punto indeseada. Recomiendo se tomen sin relativismo: expresan temor y humildad, depositarias del reconocimiento irónico que brinda el juicio después de nublado. Spinoza, racionalista aquí escéptico, participa la amenaza de lo que nos hace daño y, sin embargo, atrae. Hebreo, platónico, simboliza el deseo de lo óptimo, y tuerce la realidad a su favor o hacia la benignidad: pongamos que elegimos el bien porque nos atrae, siendo nosotros seres dubitativos ante la virtud, que no es sino la suma del color y el sonido más inalcanzables. Leibniz. En su caso hablamos de una razón atravesada por dios. La vida espiritual ajena a confesiones: la procedente del arte, por ejemplo; la que Juan Ramón encuentra en la naturaleza, *realidad no visible*; la de Nooteboom en el cerebro; la *otra realidad* de Jung; los *datos invisibles* de Trakl. Etcétera. Maillard[8] parece que de la trinidad bondad-belleza-verdad, y nuevamente asoma Platón, desase la última, dejándola al albur de las convenciones humanas —«llamamos…»—. La verdad parece un gancho que nos saca del agua. Y nos libra de morir ahogados. La cita de la película de Rossellini ejerce de contrapunto de lo anterior y, de algún modo, lo resume.

II

SEGURAMENTE la bondad como proyección imaginaria desde el diecisiete con Spinoza convierte —más— tortuosa la experiencia de vivir. Inventamos la paz para ocultar el conflicto, pero este siempre queda, latiendo, persistente como la memoria. La memoria… esa «gran bendición. Lo mejor después de la muerte», según Auster, en *Ciudad de cristal*.

III

EL OLVIDO también puede bendecirnos, suavizando los tránsitos de la vida. Se parece al silencio. Mojando sus pies en la beatitud. Nos acercamos a él por la meditación, y en la poesía: recordamos a Gimferrer: «Si pierdo la memoria, qué pureza». Y a Gamoneda:

---

[8] «Hay espacios, entre el sueño y la vigilia, donde tienen lugar los estados intermedios (…) El vuelo pertenece a ese espacio; (…) también el deslizamiento en vertical». *Filosofía en los días críticos*.

«Sé / feliz sin esperanza. / Olvida / (…) / Únicamente he aprendido a desconocer y olvidar. Es extraño. / Todavía el amor / habita en el olvido».

IV

AHORA CITEMOS como testigo al hijo pródigo, Lc. 15, 11-32. En diferentes traducciones se nos indica que estábamos perdidos y *fuimos encontrados*. Alguien, pues, nos encontró, nos encuentra. Y gracias a ello nuestra existencia cobra *sentido*. Todos somos encontrados cuando la persona justa repara en nosotros. Amanecemos distintos tras pasar por manos cuyo tacto se parece al de un texto artístico. «Gracias por encontrarme y llevarme a ti», me dio. Agradecido, yo. Traspasada la Dicha podemos afirmar, con Whitman, que morir «es diferente a lo que todos suponen, y más feliz». Mihály Babits expresó: «Quizá no sea algo tan grande la muerte». Repensemos a Proust refiriendo el pasaje de la *Apología de Sócrate*s en que Platón afirma que la muerte es un bien admirable. Vivimos más de una vida. O, al menos, cabe hacerlo. Aunque solamente sea para recuperarnos de las muertes sucesivas que golpean nuestro pecho. Cada ruptura se lleva a la espalda. La persona *desaparece*. Fallece. Nos levantamos «en busca de ese consuelo que solo se encuentra en la desesperanza» —Benet—. Nunca se ha vivido lo suficiente si no se ha naufragado un poco —Bonald—.

Pessoa cartografió el dolor: «Mi tristeza es sosiego / porque es natural y justa / y es lo que debe haber en el alma». Bukowski, más bruto, disparó: «Encuentra lo que amas y deja que te mate». Melancolía, otro nombre de la Belleza. A cada generación, su icono: los noventa legaron a Kurt Cobain. Él a veces echaba de menos «la comodidad de estar triste». La persona es un animal que se lame las patas. Nunca sabremos si se lava o si esconde un arañazo y en tal caso se lame las heridas. El efecto, en ambas situaciones, es apaciguador. Si Cobain se suicidó fue porque el día en que tomó la escopeta no se hallaba suficientemente decaído. Tal cosa le habría contagiado ganas de vivir.

La consciencia mitiga las tragedias y permite la alegría en las cosas. La felicidad es una mezcla de consciencia y alegría. Se parece a la esperanza. Al entusiasmo. Por eso sigue el rastro de la belleza… que puede ser tranquila: llegado un punto, preferimos el bienestar a la felicidad, su obcecado y sereno empeño de sacarnos o mantenernos a flote, a pesar de que algunas veces, como un barco, como la fe, cabecea.

Vila-Matas, en las conversaciones con su traductor al francés, comenta: «La saudade es pura melancolía. No lleva a saltar, sino a la contemplación del lugar desde el que puedes saltar (…) El lugar ideal en Lisboa para el suicidio con saudade es el mirador de Santa Lucía, desde donde se ve toda la ciudad con su pérgola y sus mosaicos. Este es un suicidio con el fado de acompañamiento. Una maravilla estética».

Y luego está la purificación: «El sufrimiento aporta un solemne peso a las cosas y arroja sobre ellas una luz más pura y reveladora de la que han conocido. Expande el espíritu, arranca el tegumento protector y deja el yo interior en carne viva y expuesto a los elementos», John Banville, en *Antigua luz*. Él concede que las cosas poseen una parte *real* y otra *poética*, y que el dolor forma parte de la segunda.

V

Poético fue el paraíso. Puede que también lo sea el destierro. Luis Alberto de Cuenca, en *Después del paraíso*, dice que el amor «es dolor / y amar, sufrir». Perdimos para siempre el favor de los dioses —luego «se puso / de moda el sufrimiento»—. Expulsados del paraíso, solo encontramos «enfermedad y muerte». El deseo «con su cortejo de molestias» nos domina y «arruina» la salud. Nos «llena de humo» la cabeza. Vamos, como Bestia pensando en Bella, en la película de Cocteau.

«El más humillante sufrimiento es sentir que ya no se sufre», Proust; «La gran paradoja es escribir con placer sobre algo trágico», Anne Carson. «Dame la mano, dolor, ven a mi lado», Baudelaire.

VI

SI UNA PERSONA amada se deja sin conquistar, o a una relación se le priva de desarrollo, salvándola de morir, ambas —persona, relación— permanecerán inmaculadas en una vida mayor, cercana a la inexistencia, preservada —eso sí, más allá— de la muerte. La renuncia hace de nuestro deseo un brazo incorruptible. Brines, al contrario, animaba a *vivir* más que a *escribir*.

Recordemos a Lorca: la poesía no es lenguaje normativo, el poeta ha de apostarse en los límites del no-significado, sin caer en el hermetismo. Es decir: asomarse, no lanzarse. El abismo desde la seguridad del mirador. Analogía: cambiemos *poesía* por amor. Grave es la pregunta: ¿compensa *corromperlo*, llevarlo a término —la sola expresión lo dice: término—?: ¿manchar lo inmaculado? El peso de la costumbre, ¿rompe la báscula del compromiso? ¿Su tacto de anguila arrebata de facto la posesión? Este libro, sometido a las tensiones que aborda la presente nota, intenta, sin pretenderlo, probar el veredicto de la poesía pulcramente expresado por Cernuda: acercar la realidad al deseo. «Mi amor (…) sabe que no hay éxito como el fracaso» —Bob Dylan—. Milagro y espejismo. «Es habitual que acabe uno / matando lo que ama —Wilde lo dijo—», de nuevo De Cuenca. «Este sufrimiento nos fue destinado a nosotros para explicarnos algo»

—*Zurbarán*, Cees Nooteboom—. El dolor como aprendizaje. Una idea pretérita. Una compensación[9].

Acabemos con la reconvención de aquel sacerdote anciano en la iglesia de Tabán, Budapest, a su confesada: «¿Por qué teme el sufrimiento? Es una llama que quemará su egoísmo y su orgullo (…) ¿Con qué derecho quiere usted ser feliz? ¿Está usted segura de que su amor y su deseo son tan desinteresados, y de verdad merece la felicidad?». Contra la vanidad y el egoísmo, recomendaba, sencillamente, «amar con humildad y mucha fe».

VII
LA MEMORIA y el olvido, dos sabidurías.

---

[9] Recuerdo el caso real de una mujer a la que, después de experimentar la Dicha, imputaron un asesinato que no cometió y lo asumió con normalidad, ya que todos los indicios la señalaban. El abogado defensor penalista Ferdinand von Schirach volcó el caso en *Crímenes*. «Había sido feliz. Ahora creía que había llegado el momento de pagarlo».

Procedencias y perseverancias

«Hay parejas que mueren de amor junto a los tilos» es de Javier Villán.

«Tu cuerpo siempre es infracción» es de Pere Gimferrer. También suyo: «Más que vivir, sabré por ti morir a plazos».

«El bien irreparable que me hizo tu belleza» es de Félix Grande, de quien me permito sumar: «Absolutamente sagrado / solo hay el cuerpo».

En *Los años aurorales* dije: «Tu cuerpo es una escritura que venero». Extendamos el pensamiento uniendo a Platón y Aristóteles —para quienes el origen de la escritura es sagrado— con Bataille, quien teorizó sobre las propiedades sagradas del erotismo.

«Con tu manera de mirar al viento» es de Claudio Rodríguez.

«Las estrellas nos dejan imaginar el sol, mientras este no permite imaginar las estrellas» es de Ángel Crespo.

«El rayo / que no suena ni brilla / pero hace daño» es de Felipe Boso.

«El movimiento ausente y giratorio / de la tierra / sobre el eje / de tus ojos» es de Francisco Onieva, de quien recupero aquí una cita de Pavese: «Y respiro el olor a frío que tiene el sol matutino».

El poema «Hay porosidades natas en el cielo» está dedicado a Jorge Oteiza. A propósito, menciono a José María Merino —«Todo se descubre en las rendijas. Por muy compacta que sea la realidad, al fin materia»—; a Francisco Umbral —«Llevo en el pecho ese hueco de cielo (…) No quiero interiorizar nada, quiero ser exterior, como el magnolio» —viene a mi mente Pessoa, a quien este libro guarda fidelidad—; y a Clara Janés y sus viajes celestes —«La luz está bajo tierra (…) Por las grietas opacas llega la voz de las estrellas»—. En *Variables* ocultas leí versos consonantes con algunos que había yo recién compuesto, aquí volcados —«Las estrellas negras siembran la luz (…) y sus rayos son filos que llegan al centro de la tierra»—. Tiempo después ella me contó que, releyendo *Aurora consurgens*, de Tomás de Aquino, entendió por qué había situado los astros bajo la Tierra, seguramente influida por el recuerdo soterrado del orden primordial que el santo prefigura en la obra a él atribuida. La fisicidad espiritual de la grieta, los rayos del sol llegando al centro, me llevan a las enormes grietas verticales que el explorador Louis Ramond encontró en el Monte Perdido: hendían la meseta con rumbos divergentes. Sé de ellas por Eduardo Martínez de Pisón. Las interpretaciones del relieve son un estado anímico. En la posibilidad de ser hay abismos y cañones. Toda fisura es ascensión. Toda ascensión, fisura. «El aire es un hueco en el abismo» —Ángel Guinda, quien también apunta: «Hay en el aire un agujero»—. Eduardo Fraile: «La luz respira por los agujeros de los libros de Francisco Pino». La poesía, cabe colegir, es un hueco, una grieta, por la que respira la luz y se filtra el mundo. O al revés: respira el mundo y se filtra la luz.

A estos nombres sumo el de Winfried G. Sebald, cuyas grietas referidas al comienzo —«(…) estas huellas (…) al mirar atrás, me temo que fue el comienzo de una grieta que desde entonces ha surcado mi vida»— trazan una onda temporal coincidente con la escritura de este libro. Por eso sirven de pórtico exagerado a los poemas de la primera parte. Una piedra sin centro es una piedra sin vida. O sea, sin luz. Sin cielo. Sin paladar.

El amor, una longitud de onda.

Las grietas nos conectan con otra parte de la realidad. Son tumbas antropomorfas. Lugares de paso, solo a veces de destino, como en Modiano, en cuyas novelas sirven casi de impulso a los personajes, sorprendidos en sitios a los que, pareciera, no se habían dirigido, o a los que se habían dirigido sin un porqué. Como Walser. Las grietas son germinales. Lugares atravesados por la luz, nadie sabe si creados por ella, por su paso velocísimo; parece que las usa, de hecho, como pasillo. Se diferencian de las heridas por su vocación de conocimiento. La grieta es un costurón invisible de la realidad. La grieta nos lleva a lo real. ¿Cómo no reconocer en ella un gran subtema de la literatura y un motivo *conductual* de la poesía?: «Hay / grietas y sombras en paredes blancas y pronto habrá más grietas y más sombras y finalmente no habrá paredes blancas». Antonio Gamoneda, *Arden las pérdidas*. «Cierro los ojos. / Hay un mundo sordo, / hay una grieta / por la que los muertos / traspasan la frontera», de Tranströmer, a quien tardé en disfrutar, y gracias a una traducción facilitada por Clara Janés.

Las grietas, propaganda de la luz. Noticia de ella. Acceso a su voz. También a la de la oscuridad: «Hoy demasiadas personas no piensan… Muchos contemporáneos (…) detestan la duda, detestan las grietas en sus monolitos. Incluso en las novelas (…) que cada vez se pretende más que lleven (…) su manual de instrucciones morales insertado». Javier Marías.

Me apetece incluir, en este punto, las *Memorias del estanque*, de Colinas: «Saber que somos seres para la muerte implica la aceptación, pero también la rebeldía, de que también somos seres para la plenitud (…) seres para la plenitud por medio de la esperanza —que nos proporciona salud del cuerpo y del ánimo—. El poema, la música, el cuadro, el baño marino, el paseo por el pinar, la respiración consciente, son solo algunas de esas grietas a través de las cuales vemos que el ser humano tiene que ser algo más que ceniza». Lo obvio, si trabaja a contracorriente, hay que repetirlo. Y esta es una filosofía en la que hallo, entre otros, a Gil-Albert, a Ricardo Reis, a Houellebecq, a Von Biberach. Lo trágico feliz. La aceptación. Los cantos de vida y esperanza. Y otra de Colinas, jungiana: «una grieta que nos permite ver la otra realidad».

O sea, la grieta como un mirador. Desde el que se contempla la muerte. La muerte que somos. O como un luminoso del fin de todo, algo que percibo en el poema «La grieta en el aire», de Ida Vitale, que arranca: «Tejes la muerte, el canto, / Penélope». La muerte como un canto, la grieta como una partitura. La muerte como una confirmación de la vida —y del amor, si acaso—. La muerte como un canto que sucede mientras Penélope se borra al límite de sí misma. La música como silencio, casi un pensamiento. La muerte como una grieta. La grieta como la vida. Como una nota musical. O a pie de página. Como una posibilidad de luz. «Donde tenemos la herida, tenemos la luz», decía el poeta el poeta persa Rumi. La herida, lugar por el que entra la luz.

También añado una experiencia apócrifa de Leibniz, debida a Juan Arnau: «Alcé la mirada y, en la bóveda, descubrí unos pequeños orificios por los que entraban vestigios de luz». Oquedades donde cambian de forma los objetos. Hablo ahora de un desaprendizaje de Caballero Bonald: «El duermevela, ese interregno que fluye entre dos hendeduras de la realidad (…) hasta el punto cero de la percepción (...) Representaciones de la vida que (…) conectan con los arcanos de lo real (…) Las palabras (…) ensanchan las fisuras por donde amaga el artefacto revelador». *Usurpaciones del olvido*, al cabo. Fisura dijo Guinda. *Fisura*, dice Bonald. Fisura, insiste Abad Faciolince: «Quedan intersticios, ranuras, fisuras en las que intervienes, en las que ejerce alguna injerencia en la voluntad». *Diarios 1985-2006*. Qué solos, qué solos con nosotros mismos. Con los genes o con el ambiente. Qué desamparados de no ser por la tabla de salvación de las grietas. Qué solos están los muertos, sí, también.

«Instalarse en el pensamiento débil es una estupidez grotesca ante el hecho capital de que vivimos para la muerte», afirma Gamoneda en *La pobreza*. Antes dije que el amor es una longitud de onda. La muerte, también. Amor y muerte, grietas. O más que grietas precipicios. La percepción, una grieta embarazada.

Políticamente, la grieta es una pica en la Historia homogénea; eso deducimos de Walter Benjamin. Más bien, el agujero que deja la pica al desclavarse de la piel de la Historia. «Todo está presente en los agujeros». La grieta como rugosidad. Una piel de elefante. O sea, un texto. Un papiro.

El blanco que introdujo Monet, los trozos de lienzo sin tocar, después de una etapa primera usando el negro. «Estos trozos —dice Berger— no son mudos: representan el vacío, el hueco abierto por el que emerge lo material». Todo hueco es un ansia de materia.

«Aquella tristeza repentinamente perfecta» es de Juan Carlos
   Onetti.

«Se abre un abismo en el mar y ni las gaviotas se atreven a pescar
   en la superficie» y «La luz es un ángulo recto al infinito»
   son versos de mis libros *Lenguas de hielo* y *Ahogados en
   mercurio*.

«El amor es un guardián de la noche» tiene que ver con el
   parlamento siguiente de María Zambrano: «El estar despierto
   es, se hace, propiamente vigilia y la atención hace oficio
   de guardián en la noche», *Los sueños y el tiempo*.

La referencia al sacerdote en Tabán procede de *La mujer justa*, de
   Sándor Márai.

Esta primera edición en
LOS VERSOS DE CORDELIA de
LA DUERMEVELA ES UNA LEJANÍA
se acabó de imprimir
en la primavera de 2025

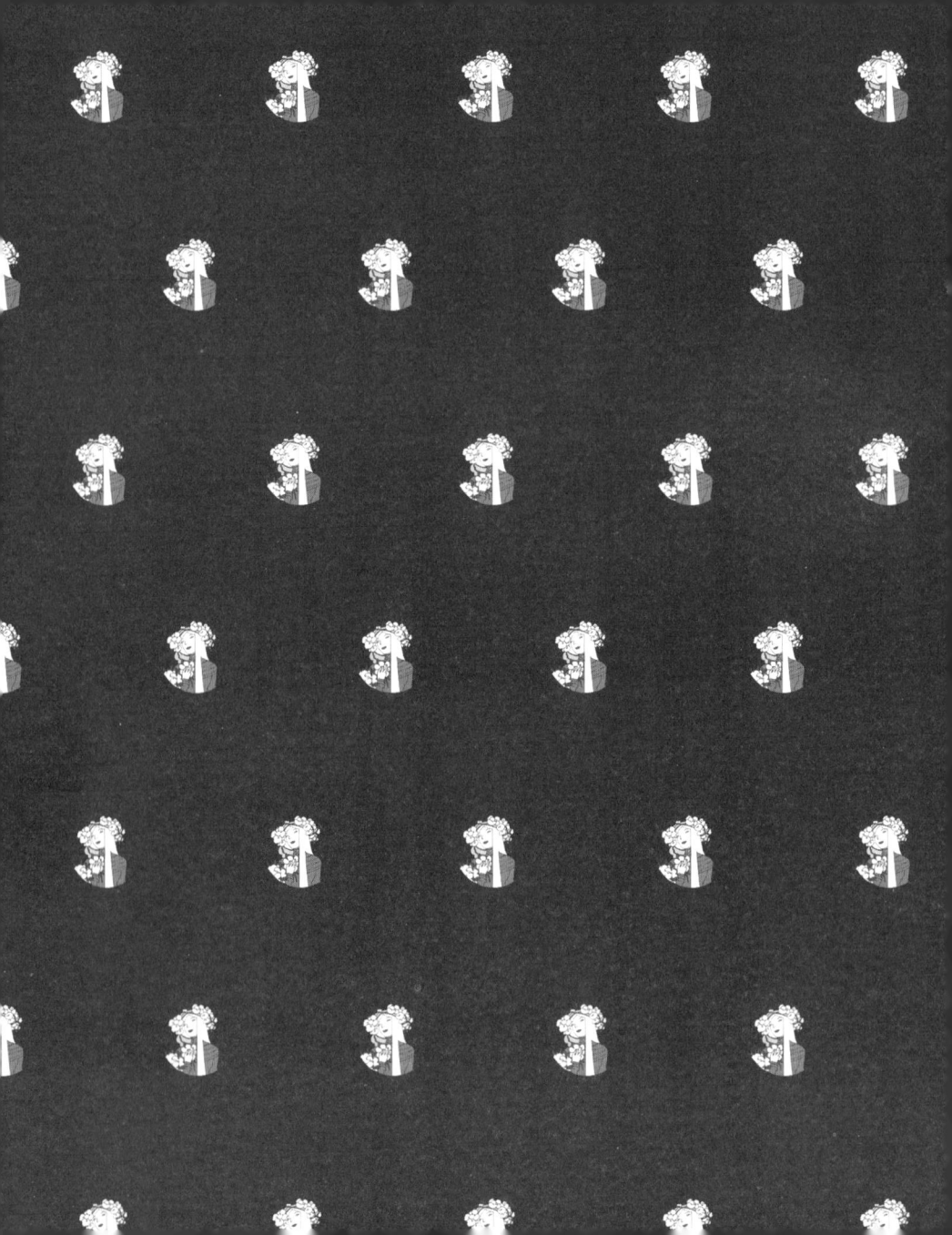